Die Elemente in ewiger Bewegung:

Tau wird zu Regen, zu Schnee und schließlich zu Eis.

Der Gletscher wächst, rutscht, reibt sich mit all seiner Kraft am Urgestein.

Wasser, Eis und Steine werden zu den Bildhauern der Natur.

Millionen von Jahren und viele Eiszeiten dauert es, die Täler auszuschürfen.

Es wird wärmer, und die enormen Schnee- und Eismassen beginnen zu schmelzen,

füllen die Täler mit Wasser und werden zu Fjorden – smaragdgrüne Pulsadern,

die sich ins Landesinnere strecken.

Vom Meer und wieder zurück.

Das Leben ist so lang, manchmal

dauert es mehrere Monate,

unterbrochen von hohem Gras,

tiefen Flüssen

und Küssen,

die ebenso lange dauern wie ein Apfel

fällt

in der kurzen Sekunde zwischen Sommer und Herbst.

Terje Johanssen

Gletscher Bøyabreen

Regen kommt immer aus Wolken

Wolken aus Nebel

und der Nebel aus dem Wasser der Erde.

Carl von Linné

Vøringsfossen

Von allen Müttern, Erde,
bist du die geduldigste.
Jede Sekunde gebärst du, jede Sekunde
wirst du von Lichtspermien der Sonne befruchtet,
jede Sekunde bist du schwanger im neunten Monat,
ein blaues Weltkleid von Ozeanen
über deinem prachtvollen Bauch. Alles zugleich!

Kolbein Falkeid

Aurlandsfjord und Nærøyfjord

Trollstigen

Die Berge stehen, wo sie stehen,

sie wissen, wo sie ihren Platz haben.

Olav Duun

Hier gehe ich –
Wandere in der Spätsommerstille ins Weite.
Weite über mir.
Weite neben mir.

Skageflå, Geirangerfjord

Weite in mir.
Gehe hier und träume, voller Sehnsucht.
Weit draußen glitzert das Meer.

Jan-Magnus Bruheim

Zeit der Untätigkeit! Jedes Wort,
jede Handlung verstummt: Kein Hauch
bewegt den sommerabendlichen Fjord.

In deinem Gemüt herrscht Schärenstille,
Sunde und Buchten liegen regungslos,
fangen die Erwartung der Dämmerung ein.

André Bjerke

Lærdalsøyri

Im Osten ragt der Gletscher in eisgrüner Wonne
und glänzt so stolz über dem Erdensaal.

Geirangerfjord mit den Wasserfällen « Freier », «Die sieben Schwestern» und «Brautschleier»

Doch jetzt rauscht und brodelt es in der Sonne,
denn ein Wasserfall stürzt sich tollkühn zu Tal.

Vilhelm Krag

Gern schlaf ich ein zum Tröpfeln vom Dach,
zum Südwind, der säuselt durch Garten und Tor

Loenvatnet

jetzt weiß ich, dass der Frühling erwacht
wie ich, vom Laub steigt Nässe empor.

Helge Stangnes

Glaube nicht, ich
käme aus ärmlichem Hause!
Immer stand mir
der Himmel offen.

Ich lebte meine Worte
mit dem Südstern als Nachbarn
und dem Wind als Gefährten. Ich kenne
die flachen Ameisenpfade
zwischen gebrochenen Halmen am Boden,
aber auch den leuchtenden Königsweg der Sehnsucht
mit Gottes Fußspuren sichtbar
im Sternenstaub.

Ich bin ein Mensch. Ich habe
die Größe darin erkannt,
so unendlich klein zu sein.

Hans Børli

Kjeragbolten, Lysefjord

Leben ist Erde; der Duft von Birke und Traubenkirsche

Der Sonnengott dreht seine blanke Scheibe

lächelnd unserer Erde zu. Und wirft

seine Perspektive von Ewigkeit aufs Leben.

Jan-Magnus Bruheim

Der Spiegel ist wie der Stein,
kühl, alt und geduldig
und mit der Sorgfalt und Gelassenheit
der Weisheit zeigt er dir,
wie du bist.

Nærøyfjord

Spiegle dich im Wasser.
Es hat die leuchtenden Augen der Jugend.
Schaut dich an, lacht, wischt dich weg
und macht sich davon.

Rolf Jacobsen

Frühlingsregen

erweicht

den Fels.

Wie riecht

eigentlich

Freude?

Helge Torvund

Jedes Leben ist ein Regenbogen
heut' ging es mir auf –

Stålberghornet, Hjørundfjord

die gute Sonne und der Regen,
Lebenswille in jedem Atemhauch.

Kjell Sandvik

In der Phantasie könnt ihr zu den Wolken
emporsteigen und glauben, es sei hoch;
und ihr könnt den Ozean überqueren und glauben,
es sei weit. Aber ich sage euch,
wenn ihr ein Samenkorn in die Erde legt,
werdet ihr höher steigen;
und wenn ihr die Schönheit des Morgens preist,
überquert ihr ein größeres Meer.

Kahlil Gibran

Trollfjord

Jostedalsbreen mit Oldenvatnet

Sehnst du dich nach etwas,

müsste dies eine Schneelandschaft sein,

die ihr Gesicht ausgiebig mit

Sonnenaufgang und Tageslicht einreibt.

Ein Ort, an dem Gedanken sich wie Bäume

an der Baumgrenze verlieren.

Kolbein Falkeid

Øyhellesund, Lofoten

Schau, diese Erde, so grün und herrlich!
Und der Himmel, so strahlend blau und weit!
Wir stehen und starren: unfasslich -
unsere Welt voll Raum und Zeit . . .

Halldis Moren Vesaas

So suchen wir

in Nebeln klammer Unbegreiflichkeit.

Wie in einem Nachen auf dem Meer.

Doch wissen wir:

Irgendwo gibt es Inseln, ein Stück

Land mit roten Grasnelken

und Möwen, die ihr Nest bewachen.

Oder wissen wir das nicht?

Kolbein Falkeid

Hier wohne ich seit mehr als einem Menschenalter.
Jahre mit Wind und Sternen am hohen Rigg
segelten vorbei,

Kjeåsen, Hardanger

Bäume und Vögel haben sich sesshaft gemacht,
doch in mir ist Unrast geblieben.

Olav H. Hauge

Preikestolen, Lysefjord

Der Himmel, groß, voll herrlicher Verhaltung,
in Vorrat Raum, ein Übermaß von Welt.
Und wir, zu ferne für die Ausgestaltung,
zu nahe für die Abkehr hingestellt.

Rainer Maria Rilke

Isfjærfjord bei Lillesand

Wenn der Herbst kommt,
die Kälte kommt,
die Abende dunkler werden,
sitz ich am Feuer
und summe mein Lied –
halte die Unlust wach
locke Sonnenbilder hervor.

Olav H. Hauge

Über den Fjorden erlöschen die Hänge

die Birke verstreut ihr verbranntes Laub

Ein Sommer kam – war Gast auf der Erde

Jetzt ist er fort.

Wo ist er hin?

Helge Stangnes

Aurlandsfjord

Sonnenschein bringt Neues
Wo gibt es eine frischere Freude
als die Freude, die nach Tau schmeckt, Licht
reinigt den frühesten Morgen, in Feuchte getaucht

Mittsommernacht bei Hamarøry in Nordland

und an die Wand geworfen, und immer
mitten hinein, ein neuer Tag
erstrahlt!

Stein Mehren

Fast verloschen ist das Licht,

das Leben kaum noch am Leben.

Das Nordlicht gibt sein eigenes Freilichtspiel,

eine Vorstellung,

die nur tote Seelen

flimmernd verstehen.

Harald Sverdrup

Ersfjord, Kvaløy bei Tromsø

MAGIE DER FJORDE

Text- und Bildredaktion: Jens-Uwe Kumpch, Snorre Aske
Idee und Layout: Natur og Kulturforlaget
Deutsche Übersetzung: Jens-Uwe Kumpch, Wolfgang Butt, Ulrich Linnemann

Quellennachweise:

Terje Johanssen: Det lange livet, in: Uttexti, Gyldendal 1997

Kolbein Falkeid: Før utluftingen
Noen skritt unna
Nattdikt (Auszug), alle in: Samlede dikt, Cappelen 2003

Halldis Moren Vesaas: Lykkelige hender
Å nei, er jorda så grøn og herleg, beide in: Dikt i samling, Aschehoug 1997

André Bjerke: Uvirksomhetens timer (Auszug), in: Den hemmelige sommer, Aschehoug 1951

Helge Stangnes: Vårvise (Auszug), in: Lys langs en fjord, Nordkalott-Forlaget 1992
Nå slokne lien (Auszug), in: Landet og lyset, Nordkalott-Forlaget 1996

Hans Børli: Under himmelen, in: Isfuglen, Aschehoug 1970

Jan-Magnus Bruheim: Brevet til kjærligheten (Auszug), in: Lyrespelaren, Aschehoug 1977

Mot mogning (Auszug), in: På skålvekti, Det Norske Samlaget 1947

Helge Torvund: Opp i dagen, Det Norske Samlaget 2005

Rolf Jacobsen: I speilet og i gresset, in: Sommeren i gresset, Gyldendal 1956

Kjell Sandvik: Hvert liv er en regnbue (Auszug), in: Trosse været, Cappelen 1982

Astrid Hjertenæs Andersen: Rimfrost og mild himmel (Auszug), Årstidene, Norske dikt, Gyldendal 1999

Olav H. Hauge: Her har eg butt
Når hausten kjem, beide in: Dikt i samling, Det norske samlaget 1994

Stein Mehren: Snakke solskinn (Auszug), in: Tids Alder, Aschehoug 1966

Harald Sverdrup: Grenseland, in: Solhest i berget, Aschehoug 1991

Fotografen: alle Aufnahmen von Snorre Aske,
ausgenommen S. 18, Per Eide Studio, S. 24, Stig Tronvold /NN/ Samfoto, S. 34, www.nettfoto.no, og S. 46, Bjørn Jørgensen /NN/ Samfo